Les croustillants

Les croustillants

Parragon

Bath · New York · Singapore · Hong Kong · Cologne · Delhi · Melbourne

Queen Street House
4 Queen Street
Bath, BA1 1HE
Royaume-Uni

Réalisation : InTexte, Toulouse

Graphisme : Talking Design
Photographies : Bob Wheeler
Conseillers : Valerie Barrett et Sandra Baddeley
Recettes supplémentaires et texte par Bridget Jones

ISBN : 978-1-4075-4173-0

Imprimé en Chine
Printed in China

Note au lecteur
Une cuillerée à soupe correspond à 15 à 20 g d'ingrédients secs et à 15 ml d'ingrédients liquides. Une cuillerée à café correspond à 3 à 5 g d'ingrédients secs et à 5 ml d'ingrédients liquides. Sans autre précision, le lait est entier, les œufs sont de taille moyenne et le poivre est du poivre noir fraîchement moulu. Les temps de préparation et de cuisson des recettes pouvant varier en fonction, notamment, du four utilisé, ils sont donnés à titre indicatif.

La consommation des œufs crus ou peu cuits n'est pas recommandée aux enfants, aux personnes âgées, malades ou convalescentes et aux femmes enceintes.

Sommaire

Introduction

L'art de la tartine n'est pas si compliqué si l'on dispose des bons ingrédients et des bonnes techniques. Avec les tartines, la cuisine se fait inventive et ludique pour toutes les occasions.

Les pains

Avec sa texture dense, le pain de mie traditionnel grille uniformément. Le pain blanc devient croustillant à l'extérieur et moelleux à l'intérieur sans ramollir. Grillées lentement, les tranches de pain fines deviennent croquantes.

Le pain complet, aux céréales ou au son, fait de délicieux toasts avec un petit goût de noisette. Les pains aux noix ou aux graines conviennent bien pour les tartines et les chaussons fourrés. Quant aux pains aux fruits légèrement sucrés, ils sont excellents juste beurrés, tartinés de confiture ou agrémentés de fruits grillés.

Pour les sandwichs, le choix ne se résume pas au pain en tranches : pensez aussi aux crostinis (une pâte croustillante rendue moelleuse par la garniture) et aux croustades (des pâtes plus croquantes). Les baguettes, en tranches ou coupées en deux, et les ciabattas italiennes (petites ou grandes), les petits buns, les rolls, les pains briochés ou les paninis peuvent être coupés en deux, grillés et servis en sandwich.

Essayez les croissants, les crumpets (crêpes anglaises épaisses), les muffins et les gaufres pour obtenir textures et formes différentes. Garnissez focaccias, naans indiens ou pitas grecques et grillez les galettes à tortillas mexicaines nature ou fourrées. Les possibilités sont infinies.

Les matières grasses

Un bon beurre est le seul ingrédient qui convient à un toast nature. Utilisez de préférence du beurre demi-sel ou salé. En revanche, évitez la margarine et le beurre allégé qui ont tendance à ramollir les toasts. L'huile d'olive est elle aussi indiquée : étalez-en légèrement sur le dessus du pain avant de le griller. Les matières grasses protègent le pain de l'humidité des garnitures, mais il est inutile de beurrer une tartine recouverte de fromage.

Matériel

• **Gril** Polyvalent, il permet de griller toutes sortes de pains, garnitures et farces ou de réchauffer les différentes épaisseurs d'un sandwich. Modulez la température et la distance par rapport à la source de chaleur pour maîtriser la cuisson. Posez les tartines sur une grille installée sur une plaque à four pour permettre aux matières grasses de s'écouler et au dessous du toast de brunir. Placez les tartines sur du papier d'aluminium pour éviter que les garnitures ne se répandent dans votre four.

• **Plaque à grillade** Une plaque à grillade rainurée peut s'utiliser sur le feu ou (si elle possède une poignée adaptée) dans le four. À haute température, elle produit les rayures caractéristiques sur les aliments ; à température moyenne, elle permet de les cuire progressivement et uniformément. Lorsqu'on met cette plaque au four, les rayures apparaîtront sur le dessous de la tranche de pain.

• **Appareil à croque-monsieur** Cet appareil est constitué de deux plaques chauffantes qui cuisent rapidement un croque-monsieur. Réglez-le à la température la plus élevée pour les garnitures légères et crues, mais baissez la température pour les garnitures plus épaisses. Certains modèles disposent de plaques spéciales pour les sandwiches épais ou de plaques restant légèrement écartées et permettant de cuire les garnitures sans les écraser.

• **Grille-pain** La possibilité de varier la température est primordiale pour obtenir du pain uniformément grillé, même si les tranches sont épaisses ou congelées. De nombreux modèles peuvent griller des muffins, des crêpes anglaises ou des croissants.

• **Fourchette à grillade** Cet ustensile traditionnel est désormais à la mode pour les barbecues et les grillades. Les grandes fourchettes et les modèles télescopiques sont indiqués pour griller des marshmallows, des morceaux de pain, des muffins ou des crumpets.

Brunch
à l'anglaise

Toast

Pour 1 toast

Préchauffer le gril à température moyenne-haute et chauffer une assiette. Disposer le pain dans un plat sous le gril et faire dorer environ 2 minutes de chaque côté.

Retirer le plat du four mais laisser le pain dedans. Étaler le beurre immédiatement sur le toast et transférer sur l'assiette. Couper le toast en deux et consommer nature ou tartiné de confiture ou de miel.

Ingrédients

1 tranche de pain de 1,5 cm d'épaisseur

environ 1 cuil. à soupe de beurre, ramolli

Bagel au fromage frais et au saumon fumé

Pour 2 personnes

Préchauffer le gril à température moyenne-haute. Couper les petits pains en deux horizontalement et disposer sur une grille dans le four, face coupée en dessous. Faire dorer de chaque côté.

Réserver deux demi-pains. Disposer des rondelles de tomate sur les autres demi-pains. Garnir d'oignon vert haché et de zeste de citron râpé. Poivrer (ne pas saler car le saumon fumé grillé le sera suffisamment). Arroser les tomates d'un filet d'huile d'olive. Faire griller 1 à 2 minutes, jusqu'à ce que les petits pains soient grillés et les tomates, juste cuites.

Disposer les tranches de saumon fumé sur les tomates et remettre 1 minute sous le gril pour cuire légèrement le saumon.

Garnir chaque pain avec une cuillerée de fromage frais et couvrir avec les demi-pains restants. Servir immédiatement avec des quartiers de citron pour arroser de jus.

Ingrédients

2 petits pains ronds

2 tomates, coupées en fines rondelles

zeste râpé d'un citron

1 oignon vert, haché

poivre

huile d'olive

4 tranches de saumon fumé (environ 125 g)

4 cuil. à soupe de fromage frais

quartiers de citron, en garniture

Sandwichs grillés au fromage et aux œufs

Pour 1 personne

Préchauffer le gril à température moyenne-haute. Faire frémir de l'eau dans une petite casserole.

Faire dorer légèrement les deux tranches de pain sous le gril. Disposer le jambon sur une tranche de pain. Découper le jambon qui dépasse et le replacer sur la tranche de pain. Disposer la tomate sur le jambon et parsemer de ciboulette ciselée et de brins de persil. Garnir avec les tranches de fromage. Poivrer (le jambon est sans doute suffisamment salé) et arroser d'un filet d'huile d'olive, puis couvrir avec la seconde tranche de pain.

Faire dorer le sandwich des deux côtés. Pendant ce temps, casser l'œuf dans une tasse. Remuer l'eau frémissante et faire glisser l'œuf au centre du tourbillon formé. Faire pocher 3 minutes jusqu'à ce que le blanc soit pris et le jaune encore liquide. (Cuire l'œuf plus ou moins longtemps selon son goût.) Retirer l'œuf poché à l'aide d'une écumoire et l'égoutter.

Disposer le sandwich sur une assiette chaude en disposant l'œuf poché sur le dessus. Ajouter éventuellement un peu de beurre afin qu'il fonde sur l'œuf. Servir immédiatement.

Ingrédients

2 tranches de pain blanc ou complet

1 tranche épaisse de jambon

1 grosse tomate, finement émincée

environ 1 cuil. à soupe de ciboulette fraîche ciselée

un petit bouquet de persil plat frais, tiges retirées

2 tranches de fromage (gruyère, emmental, cheddar)

poivre

huile d'olive

1 œuf

un peu de beurre, ramolli (facultatif)

Muffins grillés à l'anglaise aux myrtilles et au lard

Pour 2 personnes

Préchauffer le gril à température moyenne-haute. Couper les muffins en deux horizontalement et placer sur une grille, côtés coupés vers le bas.

Étaler les tranches de lard à côté des demi-muffins, mettre sous le gril et cuire jusqu'à ce que les muffins soient grillés et que le lard soit légèrement cuit.

Retourner les demi-muffins, garnir de myrtilles la base de chaque muffin et couvrir avec les tranches de lard. Cuire encore 2 minutes et retirer le sommet de chaque muffin dès qu'il est grillé et la base lorsque le lard est doré et croustillant.

Transférer la base de chaque muffin sur une assiette chaude, arroser de sirop d'érable et couvrir avec le sommet des muffins. Servir immédiatement.

Ingrédients

2 muffins anglais

2 tranches de lard maigre

100 g de myrtilles

2 cuil. à café de sirop d'érable

Croissant jambon-fromage

Pour 1 personne

Préchauffer le gril à température moyenne-haute. Couper le croissant en deux horizontalement et placer sur une grille, côtés coupés vers le haut.

Garnir chaque demi-croissant de deux demi-tranches de jambon, napper d'un peu de moutarde et ajouter les tranches de fromage. Mettre sous le gril et cuire 2 minutes, jusqu'à ce que le fromage ait fondu. Le croissant sera chaud et aura grillé légèrement sur les bords.

Répartir les tranches d'œuf dur sur la base du croissant, assembler le croissant et servir immédiatement.

Ingrédients

1 croissant

2 fines tranches de jambon, coupées en deux

moutarde (facultatif)

2 tranches de fromage à pâte dure, cheddar, gruyère ou emmental, par exemple (environ 25 g)

1 œuf dur, coupé en tranche (facultatif)

Pain perdu au sirop d'érable

Pour 4 à 6 personnes

Préchauffer le four à 140 °C (th. 4-5). Dans une grande jatte, casser les œufs, incorporer le lait et la cannelle en battant vigoureusement et saler légèrement. Immerger les tranches de pain dans le mélange obtenu et laisser reposer 1 à 2 minutes en retournant les tranches une fois.

Dans une grande poêle, faire fondre la moitié du beurre avec 1/2 cuillerée à soupe d'huile, ajouter autant de tranches de pain que la poêle peut en contenir en une seule couche et cuire 2 à 3 minutes, jusqu'à ce qu'elles soient dorées.

Retourner les tranches de pain et cuire jusqu'à ce que l'autre face soit dorée. Transférer sur un plat de service et réserver au chaud dans le four. Répéter l'opération avec les tranches de pain restantes, en huilant la poêle de nouveau si nécessaire.

Garnir chaque tranche de pain perdu d'un peu de beurre et arroser de sirop d'érable. Servir immédiatement.

Ingrédients

6 œufs

175 ml de lait

1/4 de cuil. à café de cannelle en poudre

12 tranches de pain blanc

environ 4 cuil. à soupe de beurre ou de margarine, en accompagnement

1/2 à 1 cuil. à soupe d'huile de tournesol ou de maïs

sel

sirop d'érable, chaud, en accompagnement

Muffins anglais au miel, au lard et aux œufs

Pour 2 personnes

Préchauffer le gril à température moyenne-haute. Couper les muffins en deux verticalement et placer sur une grille, côtés coupés vers le haut. Mettre sous le gril, cuire jusqu'à ce qu'ils soient dorés et retourner. Faire griller de nouveau et réserver au chaud.

Préchauffer le four à 140 °C (th. 4-5). Chauffer une poêle antiadhésive à feu moyen, étaler les tranches de lard dans la poêle et cuire jusqu'à ce qu'elles soient légèrement dorées. Retourner et cuire jusqu'à ce que le lard soit cuit et bien croustillant.

Chauffer légèrement le miel, enduire chaque tranche de lard et cuire encore 1 minute. Retirer de la poêle et réserver au four.

Mélanger le maïs, les dés de tomates et le persil frais, saler et poivrer. Cuire les œufs selon son goût – en omelettes, brouillés ou pochés.

Transférer les muffins sur des assiettes chaudes, garnir de tranches de lard, ajouter les œufs et parsemer de grains de maïs et de dés de tomates.

Ingrédients

2 muffins

6 tranches de lard frais, découenné

1 cuil. à soupe de miel liquide

85 g d'épis de maïs en boîte, égouttés

2 petites tomates, coupées en dés

4 œufs

1 cuil. à soupe de persil frais haché

sel et poivre

beurre

Croque-monsieur

Pour 2 personnes

Répartir la moitié du fromage sur deux tranches de pain, ajouter le jambon et couvrir avec les tranches de pain restantes.

Pour la sauce, faire fondre le beurre avec l'huile dans une petite casserole à fond épais, ajouter la farine et cuire 1 minute sans cesser de remuer. Retirer la casserole du feu et ajouter le lait progressivement sans cesser de remuer. Remettre la casserole sur le feu et cuire encore 1 minute sans cesser de remuer, jusqu'à obtention d'une sauce épaisse et homogène. Retirer du feu, incorporer le fromage restant et poivrer. Réserver au chaud.

Immerger les sandwichs dans l'œuf battu de façon à imbiber le pain. Préchauffer le gril à haute température. Chemiser une grille de papier d'aluminium et réserver. Dans une poêle, faire fondre le beurre à feu moyen à vif, ajouter les sandwichs et cuire jusqu'à ce qu'ils soient uniformément dorés.

Transférer les sandwichs sur la grille chemisée, napper de sauce blanche et passer au gril à 10 cm de la source de chaleur, jusqu'à ce que la sauce blanche soit dorée.

Ingrédients

100 g de gruyère ou d'emmental, râpé

4 tranches de pain, croûte retirée

2 tranches épaisses de jambon

1 petit œuf, battu

40 g de beurre, pour la cuisson

Sauce blanche

30 g de beurre

1 cil. à café d'huile de tournesol

1/2 cuil. à soupe de farine

125 ml de lait chaud

poivre

Pain brioché grillé aux œufs brouillés

Pour 2 personnes

Casser les œufs dans une jatte, ajouter la crème fraîche et battre légèrement. Saler, poivrer et incorporer la ciboulette.

Dans une poêle, faire fondre le beurre, ajouter le mélange précédent et cuire jusqu'à ce que les œufs commencent à prendre. Mélanger délicatement à l'aide d'une cuillère en bois et poursuivre la cuisson en remuant de temps en temps jusqu'à ce que les œufs aient pris et soient crémeux.

Faire griller le pain brioché dans un grille-pain ou au gril, répartir les tranches dans deux assiettes chaudes et garnir d'œufs brouillés. Servir immédiatement, décoré de brins de ciboulette.

Ingrédients

4 œufs

100 ml de crème fraîche

sel et poivre

2 cuil. à soupe de ciboulette fraîche hachée

4 brins de ciboulette, en garniture

25 g de beurre

4 tranches de pain brioché

En-cas légers

Pains pita à la menthe et au camembert rôti

Pour 2 personnes

Couper le fromage en deux quartiers de même taille et couper chaque quartier en deux horizontalement. Remettre au congélateur de sorte qu'il soit très ferme mais non congelé. Réserver deux brins de menthe pour la garniture, retirer les tiges des brins de menthe restants et ciseler les feuilles.

Préchauffer le gril à température moyenne-haute. Chemiser une grille de papier d'aluminium. Faire griller un côté des pains pita et placer sur la grille, côtés grillés vers le bas.

Répartir le concombre sur les pains pita, parsemer de menthe, saler et poivrer. Ciseler les tomates séchées à l'aide d'une paire de ciseaux de cuisine et répartir sur les pains pita. Ajouter les morceaux de camembert, croûte vers le haut.

Arroser d'un peu d'huile d'olive et passer 2 à 4 minutes au gril préchauffé, jusqu'à ce que la croûte soit légèrement dorée et le fromage fondu. Garnir de yaourt à la grecque et de brins de menthe, et servir immédiatement.

Ingrédients

200 à 225 g de brie, placé au congélateur

6 brins de menthe fraîche

2 pains pita

1/4 de concombre (environ 7 cm), finement émincé

sel et poivre

10 tomates séchées au soleil à l'huile, égouttées (environ 50 g)

huile d'olive

2 cuil. à soupe de yaourt à la grecque

Paninis au salami et au poivron

Pour 2 personnes

Préchauffer le gril à température moyenne-haute. Étaler une feuille de papier d'aluminium sur une grille, ajouter les lanières de poivron et l'ail, arroser d'huile et mélanger.

Disposer les pains pour panini sur la grille, autour des lanières de poivron, côtés coupés vers le bas. Passer au gril 1 minute, jusqu'à ce que les pains soient légèrement grillés. Retirer les pains de la grille et poursuivre la cuisson 2 à 3 minutes, jusqu'à ce que le poivron commence à dorer.

Remettre les pains sur la grille, côtés coupés vers le haut. Couvrir de salami et de feuilles de basilic la partie inférieure de chaque pain, ajouter les lanières de poivron et parsemer de pignons. Émincer la tête de radicchio, ajouter sur les poivrons et arroser d'un peu d'huile d'olive. Passer au gril 2 à 3 minutes, jusqu'à ce que le tout soit grillé. Retirer la partie supérieure des pains dès qu'elle est grillée.

Parsemer de parmesan ou de pecorino, couvrir avec la partie supérieure des pains et servir immédiatement.

Ingrédients

1 gros poivron rouge, épépiné et coupé en fines lanières

2 gousses d'ail, émincées

huile d'olive

2 pains pour panini, coupés en deux dans l'épaisseur

6 tranches de salami

une poignée de feuilles de basilic frais

1 cuil. à soupe de pignons

1 petite tête de radicchio ou de chicorée

parmesan ou pecorino râpé

Paninis à la mozzarella et aux crevettes épicées

Pour 2 personnes

Préchauffer le gril à température moyenne-haute. Sécher les crevettes avec du papier absorbant, mettre dans une terrine et ajouter le piment, les oignons verts, les olives et l'ail. Incorporer le zeste et le jus de citron, saler et poivrer.

Couper les pains en deux dans l'épaisseur. Placer la partie supérieure de chaque pain sur une grille, côtés coupés vers le haut, et passer au gril 1 à 2 minutes, jusqu'à ce que la mie soit dorée et croustillante. Retourner, côté coupé vers le bas.

Répartir le mélange à base de crevettes sur les parties inférieures de chaque pain, ajouter la mozzarella et arroser légèrement d'huile d'olive.

Placer sur la grille et passer au gril jusqu'à ce que la garniture soit chaude et que la mozzarella ait fondu. Couvrir la garniture avec la partie supérieure de chaque pain et servir immédiatement.

Ingrédients

225 g de crevettes cuites décortiquées, décongelées si surgelées

1 piment vert frais, épépiné et haché

2 oignons de printemps, hachés

50 g d'olives noires dénoyautées, coupées en deux

1 gousse d'ail, hachée (facultatif)

zeste râpé et jus d'un citron

2 pains pour panini

une petite poignée de persil, paré et finement haché

sel et poivre

150 g de mozzarella, finement émincée

huile d'olive

Crostinis au pamplemousse, au fenouil et au chorizo

Pour 4 personnes

Préchauffer le four à température moyenne. Chemiser une grille de papier d'aluminium. Disposer les tranches de pain sur la grille, enduire d'huile d'olive et passer au gril 3 minutes, jusqu'à ce qu'elles soient croustillantes et dorées.

Pendant ce temps, ciseler finement le fenouil, mettre dans une terrine et ajouter l'oignon et un peu d'huile d'olive. Peler le pamplemousse en veillant à bien ôter la peau blanche, séparer en quartiers et retirer les membranes. Retourner les tranches de pain, huiler de nouveau et garnir du mélange à base de fenouil. Passer au gril encore 3 minutes, jusqu'à ce que les légumes soient légèrement cuits et commencent à brunir.

Augmenter la température du gril, ajouter les quartiers de pamplemousse sur les crostinis et couvrir de rondelles de chorizo. Arroser de nouveau d'huile d'olive et passer au gril encore 1 minute, jusqu'à ce que le chorizo soit grésillant et commence à se recourber et à brunir.

Napper de crème fraîche, parsemer de coriandre fraîche hachée et servir immédiatement.

Ingrédients

12 tranches de baguettes (environ 2,5 cm d'épaisseur)

huile d'olive

1 bulbe de fenouil

1 oignon rouge, coupé en deux et finement émincé

sel et poivre

1 pamplemousse rose

24 fines rondelles de chorizo (environ 125 g)

4 cuil. à soupe de crème fraîche

2 cuil. à soupe de feuille de coriandre fraîche hachée

Pain brioché grillé à la saucisse et aux champignons

Pour 2 à 4 personnes

À l'aide d'un économe, couper les carottes en lanières, mettre dans une terrine d'eau froide. Ajouter des glaçons et laisser reposer 30 minutes.

Préchauffer le gril à température moyenne-haute. Passer les saucisses au gril environ 15 minutes, en retournant une ou deux fois, jusqu'à ce qu'elles soient dorées et presque cuites.

Mélanger l'estragon, l'ail, l'huile, le zeste et le jus d'orange. Incorporer la moitié du mélange obtenu aux champignons. Faire griller le pain brioché dans un grille-pain.

Disposer le pain sur une grille, garnir du mélange à base de champignons et passer au gril 2 à 4 minutes en plaçant la grille près de la source de chaleur, jusqu'à ce qu'ils soient cuits.

Couper les saucisses, répartir sur les champignons et passer au gril encore 5 minutes, en éloignant la grille de la source de chaleur, jusqu'à ce que les saucisses soient dorées.

Égoutter les carottes. Répartir la laitue dans des assiettes, incorporer la sauce à l'estragon restante et ajouter le pain brioché. Décorer de lanières de carottes et servir immédiatement.

Ingrédients

2 grosses carottes

4 grosses saucisses de Toulouse (environ 450 g)

6 brins d'estragon frais, effeuillés

1 gousse d'ail, hachée

4 cuil. à soupe d'huile d'olive

zeste râpé et jus d'une orange

200 g de shiitakes ou de champignons de Paris, coupés en lamelles épaisses

4 tranches épaisses de pain brioché nature (non sucré)

laitue ou feuille de chêne, en garniture

Bruschettas estivales

Pour 2 personnes

Préchauffer le gril à température moyenne. Déposer les tranches de ciabatta sur une grille et passer au gril de chaque côté jusqu'à ce qu'elles soient uniformément dorées. Réserver au chaud.

Mélanger les tomates, les oignons verts, la mozzarella, l'avocat, le vinaigre balsamique et la moitié de l'huile, saler et poivrer selon son goût.

Arroser les tranches de ciabatta d'huile d'olive, garnir du mélange à base de tomate et garnir de feuilles de basilic ciselées. Servir immédiatement.

Ingrédients

4 tranches de ciabatta

1 grosse tomate mûre, coupée en dés

2 oignons verts, finement émincés

1 petite bille de mozzarella de bufflonne, coupée en dés

1/2 avocat mûr, coupé en dés

1/2 cuil. à soupe de vinaigre balsamique

2 cuil. à soupe d'huile d'olive vierge extra

sel et poivre

2 cuil. à soupe de feuilles de basilic fraîches ciselées

Œufs brouillés à la basquaise

Pour 4 à 6 personnes

Préchauffer le gril à température moyenne-haute. Déposer les tranches de pain sur une grille, passer au gril des deux côtés jusqu'à ce qu'elles soient uniformément dorées. Réserver au chaud.

Dans une poêle, chauffer 2 cuillerées à soupe d'huile à feu moyen à vif, ajouter l'oignon et les poivrons, et cuire encore 5 minutes, jusqu'à ce qu'ils soient tendres, sans laisser brunir. Ajouter les tomates et faire revenir jusqu'à ce qu'elles soient chaudes. Retirer de la poêle et réserver au chaud.

Chauffer une cuillerée à soupe d'huile dans la poêle, ajouter le chorizo et faire revenir 30 secondes, jusqu'à ce qu'il soit chaud et qu'il ait parfumé l'huile. Ajouter les saucisses aux légumes.

Il doit rester environ 2 cuillerées à soupe de matière grasse chaude dans la poêle, ajouter le beurre et faire fondre. Saler et poivrer les œufs battus, verser dans la poêle et cuire jusqu'à ce qu'ils soient brouillés. Ajouter les légumes, mélanger et servir immédiatement sur le pain grillé.

Ingrédients

4 à 6 tranches épaisses de pain de campagne

huile d'olive

1 gros oignon, finement haché

1 gros poivron rouge, épépiné et haché

1 gros poivron vert, épépiné et haché

2 grosses tomates, mondées, épépinées et hachées

55 g de chorizo, coupé en fines rondelles, sans la peau

35 g de beurre

10 gros œufs, légèrement battus

sel et poivre

Bagels au fromage et aux poireaux

Pour 2 personnes

Préchauffer le gril à température moyenne. Déposer les bagels sur une grille, côtés coupés vers le haut, passer au gril jusqu'à ce qu'ils soient dorés et réserver au chaud. Ne pas éteindre le gril.

Parer les poireaux en jetant les extrémités vertes, couper en deux dans la longueur et rincer l'intérieur. Émincer finement et jeter les racines.

Dans une sauteuse, faire fondre le beurre à feu doux, ajouter les poireaux et cuire 5 minutes sans cesser de remuer, jusqu'à ce qu'ils soient tendres et légèrement dorées. Laisser refroidir.

Mélanger les poireaux, le fromage, les oignons verts et le persil, saler et poivrer. Répartir le mélange obtenu sur les bagels et passer au gril jusqu'à ce que le fromage soit grésillant et que le tout soit doré.

Ingrédients

2 bagels

2 poireaux

25 g de beurre

125 g de gruyère râpé

2 oignons verts, hachés

1 cuil. à soupe de persil plat frais haché

sel et poivre

Tartines à la mozzarella et aux tomates séchées

Pour 4 personnes

Préchauffer le gril à température moyenne-haute et le four à 220 °C (th. 7-8). Couper les baguettes en tranches en biais en jetant les croûtons, disposer sur une grille et passer au gril des deux côtés, jusqu'à ce que les tranches soient uniformément dorées.

Napper une face de chaque tranche de pain de pâte de tomates séchées, ajouter la mozzarella et parsemer d'origan. Saler et poivrer.

Placer les tartines sur une plaque, arroser d'huile d'olive et cuire 5 minutes au four préchauffé, jusqu'à ce que le fromage ait fondu et soit grésillant. Retirer les tartines du four, laisser reposer 5 minutes et servir immédiatement.

Ingrédients

2 petites baguettes

175 ml de pâte de tomates séchées au soleil

300 g de mozzarella de bufflonne, égouttée et coupée en dés

1 1/2 cuil. à café d'origan séché

poivre

2 à 3 cuil. à soupe d'huile d'olive

Bruschettas aux champignons

Pour 4 personnes

Préchauffer le gril à température moyenne-haute. Déposer les tranches de pain sur une grille et passer au gril de chaque côté jusqu'à ce qu'elles soient uniformément dorées. Réserver au chaud.

Dans une poêle, chauffer l'huile, ajouter l'ail et cuire quelques secondes à feu doux. Ajouter les champignons de Paris et cuire 3 minutes à feu vif sans cesser de remuer. Ajouter le mélange de champignons et cuire encore 2 minutes. Incorporer le jus de citron.

Saler, poivrer et incorporer le persil.

Répartir la préparation obtenue sur les tranches de pain grillées et servir immédiatement.

Ingrédients

12 tranches de baguette de 1 cm d'épaisseur ou 2 petites baguettes, coupées en deux horizontalement

3 cuil. à soupe d'huile d'olive

2 gousses d'ail, hachées

225 g de champignons de Paris, émincés

225 g d'un mélange de champignons forestiers

2 cuil. à café de jus de citron

sel et poivre

2 cuil. à soupe de persil frais haché

Ciabatta à la féta grillée et pimentée

Pour 2 personnes

Préchauffer le gril à température moyenne-haute. Déposer les tranches de ciabatta sur une grille et passer au gril de chaque côté jusqu'à ce qu'elles soient uniformément dorées. Couvrir chaque tranche de ciabatta d'une tranche de féta. Mélanger l'huile, les flocons de piment et l'origan, et arroser la féta du mélange obtenu.

Passer au gril 2 à 3 minutes, jusqu'à ce que la féta commence légèrement à fondre, transférer sur des assiettes et arroser d'huile d'olive. Servir accompagné de roquette.

Ingrédients

4 tranches de ciabatta

200 g de féta

2 cuil. à soupe d'huile d'olive, un peu plus pour arroser

1 cuil. à café de flocons de piment

1 cuil. à café d'origan séché

85 g de feuilles de roquette, en garniture

Repas sur le pouce

Sandwichs grillés aux légumes

Pour 4 personnes

Ôter la croûte au sommet du pain et la réserver pour un autre usage. Couper le pain en deux horizontalement, de sorte que la partie inférieure soit plus épaisse. Déposer celle-ci sur une feuille de papier d'aluminium.

Préchauffer le gril à température moyenne-haute. Passer la partie supérieure du pain au gril sur un seul côté jusqu'à ce qu'elle soit dorée, retourner et déposer sur le papier d'aluminium.

Parsemer les deux parties du pain d'un peu de fromage râpé. Garnir la partie inférieure d'avocat et de tomates, et parsemer de la moitié du fromage restant. Ajouter les pointes d'asperges et le jambon, de sorte que ce dernier couvre complètement les ingrédients de la garniture. Parsemer du fromage râpé restant, poivrer et arroser d'huile d'olive.

Passer au gril 3 à 5 minutes en plaçant la grille assez loin de la source de chaleur, jusqu'à ce que le jambon soit doré et le fromage fondu. Retirer la partie supérieure du gril dès que le fromage est grésillant.

Couper la partie supérieure du pain en 8 quartiers et les placer sur la garniture. Servir immédiatement, coupé en 4 parts.

Ingrédients

1 pain au sarrasin rond (environ 18 cm de diamètre) ou 1 pain de campagne

175 g de cheddar, grossièrement râpé

1 gros avocat, coupé en deux, dénoyauté, pelé et coupé en lamelles

2 tomates, coupées en fins quartiers

12 pointes d'asperges, cuites, en bocal ou en boîte

4 tranches de jambon de Parme

poivre

huile d'olive

Focaccia au jambon et au poulet fumé

Pour 2 à 4 personnes

Préchauffer une poêle à fond rainuré ou la grille d'un gril. À défaut, chauffer une plaque ou un plat à rôti peu profond. Couper la focaccia en deux horizontalement et détailler la partie supérieure en lamelles.

Répartir les feuilles de basilic sur la partie inférieure de la focaccia, ajouter les courgettes en couche uniforme et couvrir avec le poulet et le jambon, en alternant les tranches et en les froissant. Ajouter les lamelles de focaccia sur le tout en les intercalant avec les lanières de taleggio, et saupoudrer de noix muscade.

Transférer le tout dans la poêle ou sur la grille, et cuire 5 minutes, jusqu'à ce que le taleggio ait fondu et que la focaccia soit dorée. Couper en quatre, perpendiculairement au sens des lamelles et servir immédiatement, accompagné de tomates cerises.

Ingrédients

1 focaccia épaisse (environ 18 cm de diamètre)

1 poignée de feuilles

2 petites courgettes, grossièrement râpées

6 fines tranches de poulet fumé

6 fines tranches de jambon blanc

225 g de taleggio, coupé en lanières

noix muscade fraîchement râpée (facultatif)

tomates cerises, en accompagnement (facultatif)

Ciabatta aux œufs durs et aux poivrons grillés

Pour 2 à 4 personnes

Dans une petite casserole, mettre les œufs, couvrir d'eau chaude et porter à ébullition. Réduire le feu et laisser mijoter 8 minutes. Égoutter, rincer à l'eau courante et écaler. Hacher, transférer dans une terrine et ajouter les olives et la coriandre. Saler, poivrer et mélanger à l'aide d'une fourchette. Réserver.

Dans une autre terrine, mélanger les poivrons, ajouter l'oignon, l'ail, l'origan et l'huile d'olive, saler et poivrer.

Couper la ciabatta en deux horizontalement, déposer sur une grille, côtés coupés vers le bas, et passer au gril 1 minute, jusqu'à ce que la croûte soit croustillante et légèrement dorée. Retourner les morceaux de focaccia, garnir du mélange à base de poivrons, ajouter le mélange à base d'oignon et arroser d'huile d'olive.

Passer de nouveau au gril 4 à 5 minutes, jusqu'à ce que les poivrons soient tendres et bien dorés. Parsemer du mélange à base d'œufs et servir immédiatement, accompagné de quartiers de citron.

Ingrédients

2 œufs

50 g d'olives noires dénoyautées

2 cuil. à soupe de feuilles de coriandre fraîches hachées

sel et poivre

1 gros poivron rouge, épépiné et coupé en fines lanières

1 gros poivron vert, épépiné et coupé en fines lanières

1 gros poivron jaune, épépiné et coupé en fines lanières

1 petit oignon rouge, finement haché

1 gousse d'ail, finement hachée

1 cuil. à soupe d'origan frais haché

2 cuil. à soupe d'huile d'olive

1 ciabatta

quartiers de citron, en accompagnement

Bruschettas à la tomate

Pour 4 personnes

Mélanger le concentré de tomates, la moutarde, l'ail, le sucre et le vinaigre, et incorporer 2 cuillerées à soupe d'huile.

Préchauffer le gril à température haute. Déposer les tranches de pain sur une grille, enduire légèrement d'huile et passer au gril jusqu'à ce qu'elles soient croustillantes et dorées.

Pendant ce temps, ajouter les oignons verts, le thym et le persil au mélange à base de concentré de tomates. Incorporer les dés de tomate, saler et poivrer.

Retourner les tranches de pain, garnir du mélange à base de tomates et passer au gril 4 à 5 minutes, en éloignant légèrement la grille de la source de chaleur, jusqu'à ce que le pain soit doré et le tout bien chaud.

Transférer les bruschettas sur un plat de service, garnir de brins de fines herbes et arroser d'huile d'olive. Servir immédiatement.

Ingrédients

2 cuil. à soupe de concentré de tomates

1 cuil. à soupe de moutarde de Dijon ou de moutarde à l'ancienne

2 gousses d'ail, hachées

1/2 cuil. à café de sucre

1 cuil. à soupe de vinaigre de cidre

4 cuil. à soupe d'huile d'olive vierge extra, un peu plus pour arroser

12 tranches de pain blanc

4 oignons verts, hachés

2 cuil. à soupe de feuilles de thym frais

1 poignée de persil plat frais, sans les tiges

6 tomates, coupées en dés

sel et poivre

brins de fines herbes, en garniture

Crostinis à la salade grecque

Pour 2 personnes

Préchauffer le gril à température moyenne-haute. Verser l'ail dans une grande terrine et incorporer l'ail.

Déposer les tranches de pain sur une grille, enduire légèrement d'huile aillée et passer 2 à 3 minutes au gril, jusqu'à ce qu'elles soient croustillantes et dorées. Retourner les tranches de pain, huiler et passer de nouveau au gril.

Incorporer la féta à l'huile restée dans la terrine, poivrer et ajouter le concombre, les olives, les tomates, l'oignon, la menthe et l'origan. Saupoudrer de sucre, bien mélanger le tout et incorporer la laitue finement ciselée.

Transférer les crostinis sur des assiettes, garnir de salade à la grecque et parsemer de graines de sésame et de pignons. Servir immédiatement, tant que les crostinis sont chauds et croustillants.

Ingrédients

1 gousse d'ail, hachée

4 cuil. à soupe d'huile d'olive

2 larges tranches épaisses de pain aux graines de sésame

200 g de féta, coupée en dés

poivre

1/4 de concombre, coupé en petits dés

25 g d'olives noires, émincées

4 tomates, coupées en dés

1/2 petit oignon, haché

2 brins de menthe fraîche, ciselés

2 brins d'origan frais, hachés

1/4 de cuil. à café de sucre

1 petit cœur de laitue, finement ciselée

1/2 cuil. à café de graines de sésame grillées

2 cuil. à café de pignons (facultatif)

Tartines au lard au poulet et au xérès

Pour 2 personnes

Dans une poêle, chauffer l'huile, ajouter le lard, l'oignon, le laurier et le thym, et cuire 5 minutes en remuant souvent, jusqu'à ce que le lard et l'oignon soient cuits. Ajouter le poulet et cuire encore 5 minutes, en remuant régulièrement de sorte que le poulet cuise uniformément.

Ajouter la moutarde, mouiller avec le xérès et porter à ébullition en raclant le fond de la poêle. Saler, poivrer et laisser mijoter 3 à 4 minutes, jusqu'à ce que le xérès ait réduit. Jeter le laurier et les brins de thym.

Pendant ce temps, préchauffer le gril à température moyenne-haute et chauffer deux assiettes. Déposer le pain sur une grille et passer au gril 2 minutes de chaque côté, jusqu'à ce qu'il soit uniformément doré et croustillant.

Beurrer le pain chaud et transférer sur les assiettes chaudes. Incorporer le persil à la préparation, répartir sur le pain beurré et napper éventuellement de yaourt. Servir immédiatement.

Ingrédients

2 cuil. à soupe d'huile d'olive

2 tranches de lard, coupées en lanières

1 petit oignon, haché

2 gousses d'ail, hachées

1 feuille de laurier

2 brins de thym frais

2 petits blancs de poulet, coupés en dés

1 cuil. à soupe de moutarde à l'ancienne

6 cuil. à soupe de xérès sec

sel et poivre

2 tranches de pain de campagne, de 1,5 cm d'épaisseur

25 g de beurre, ramolli

1 petite poignée de persil frais haché, sans les tiges

2 cuil. à soupe de yaourt nature (facultatif)

Sandwich de pain de seigle au rôti et au coleslaw

Pour 1 personne

Préchauffer le gril à température moyenne-haute. Battre le beurre en crème avec le gingembre.

Napper une tranche de pain de beurre au gingembre, ajouter le chou et couper les extrémités qui dépassent pour les replacer au centre de la tranche de pain. Ajouter la carotte au centre, saler et poivrer.

Napper un côté de la tranche de rôti de beurre au gingembre et ajouter sur le pain, côté beurré vers le bas. Beurrer un côté de la tranche de pain restante et placer sur la garniture, côté beurré vers le bas.

Passer le sandwich au gril des deux côtés, jusqu'à ce qu'il soit uniformément doré et croustillant. Servir immédiatement, accompagné éventuellement de cornichons.

Ingrédients

1 cuil. à soupe de gingembre frais finement râpé ou de sauce au raifort

20 g de beurre, ramolli

2 tranches de pain de seigle, si possible agrémenté de graines de carvi

1 tranche très fine de chou

1 petite carotte, grossièrement râpée

1 oignon vert, finement émincé

1 grande tranche de rôti de bœuf

sel et poivre

cornichons, en accompagnement (facultatif)

Ciabattas aux noix, au bleu et à la dinde

Pour 2 personnes

Préchauffer le gril à température moyenne-haute. Couper les boules de ciabatta en deux horizontalement, déposer sur une grille, côté coupé vers le bas, et passer au gril jusqu'à ce que la croûte soit dorée et croustillante. Retirer la partie supérieure de chaque boule et retourner les parties inférieures. Passer de nouveau au gril, jusqu'à ce que la mie soit dorée. Réduire la température du gril.

Pendant ce temps, mélanger le bleu, les noix et la sauge. Répartir les tranches de dinde sur la partie inférieure de chaque boule, ajouter le mélange à base de bleu au centre et couvrir avec les parties supérieures des boules de ciabatta.

Passer de nouveau au gril 3 à 4 minutes, en éloignant la grille de la source de chaleur, jusqu'à ce que les ciabattas soient chaudes et que le bleu commence à fondre. Veiller à ne pas laisser brûler.

Servir chaud, accompagné de grains de raisin blanc.

Ingrédients

- 2 boules de ciabatta
- 100 g de bleu, coupé en dés et émietté
- 100 g de noix, hachées
- 8 grosses feuilles de sauge, finement ciselées
- 4 tranches de blanc de dinde cuites
- raisin blanc, en accompagnement

Toasts au crabe

Pour 4 personnes

Déposer une tranche de pain au centre d'une assiette et répartir le lait uniformément dessus. Laisser reposer quelques minutes. Beurrer les deux côtés des tranches de pain restantes.

Mélanger la chair de crabe, l'aneth et l'oignon vert. Écraser le pain imbibé de lait à l'aide d'une fourchette et incorporer au mélange précédent. Ajouter le beurre fondu restant, saler et poivrer.

Préchauffer le gril à température moyenne-haute, déposer les tranches de pain beurrées sur une grille et passer au gril des deux côtés jusqu'à ce qu'elles soient uniformément croustillantes et dorées. Garnir du mélange à base de crabe et épaissir la texture à l'aide d'une fourchette.

Passer au gril 3 minutes, jusqu'à ce que la garniture soit légèrement dorée. Couper en quartiers et servir immédiatement, accompagné de quartiers de citron.

Ingrédients

3 tranches épaisses de pain blanc, sans la croûte

2 cuil. à soupe de lait

50 g de beurre, fondu

170 g de chair de crabe en boîte, égouttée, ou 150 g de chair de crabe surgelée, décongelée et égouttée

1 piment vert, épépiné et haché

1 oignon vert, finement émincé

sel et poivre

quartiers de citron, en accompagnement

Ciabattas aux haricots à la mode de Toscane

Pour 2 personnes

Préchauffer le gril à température moyenne. Déposer les tranches de ciabatta sur une grille et passer au gril de chaque côté jusqu'à ce qu'elles soient uniformément dorées. Réserver au chaud.

Dans une sauteuse, chauffer l'huile, ajouter l'oignon et faire revenir à feu doux jusqu'à ce qu'il soit tendre. Ajouter l'ail et cuire encore 1 minute. Ajouter les haricots et le concentré de tomates, mouiller avec l'eau et porter à ébullition en remuant de temps en temps. Cuire encore 2 minutes.

Ajouter le vinaigre, le persil et le basilic, mélanger, saler et poivrer. Répartir la garniture sur les tranches de ciabatta et servir immédiatement.

Ingrédients

2 tranches épaisses de ciabatta

1 cuil. à soupe d'huile d'olive

1 petit oignon, finement émincé

1 gousse d'ail, hachée

250 g de haricots blancs, rincés et égouttés

90 ml d'eau

1 cuil. à soupe de concentré de tomates

1 cuil. à café de vinaigre balsamique

1 cuil. à soupe de persil frais haché

1 cuil. à soupe de basilic frais ciselé

sel et poivre

Spécialités du chef

Ciabattas au cresson et au saumon

Pour 2 personnes

Préchauffer le gril à température moyenne-haute. Couper le pain en deux horizontalement, déposer sur une grille, côtés coupés vers le bas, et passer au gril jusqu'à ce que la croûte soit dorée.

Couper le filet de saumon en tranches de 1 cm d'épaisseur et mettre dans un plat allant au four. Parsemer de zeste de citron vert, arroser de jus de citron vert, saler et poivrer. Arroser d'huile et passer au gril 2 minutes de chaque côté, jusqu'à ce que le poisson soit ferme et bien cuit. Réserver. Arroser de jus de cuisson la mie des morceaux de pain et passer au gril 2 minutes, jusqu'à ce qu'elle soit dorée.

Étaler la moitié du cresson sur la partie inférieure du pain, parsemer de câpres et ajouter le saumon. Arroser du jus de cuisson restant, parsemer de ciboulette et ajouter le cresson restant. Couvrir avec la partie supérieure du pain, couper en quatre et servir immédiatement.

Ingrédients

1 gros pain ciabatta

250 g de filets de saumon, peau et arêtes retirées

zeste râpé d'un citron vert ou jus et zeste d'un demi-citron vert

sel et poivre

2 cuil. à soupe d'huile d'olive

2 grosses poignées de cresson, tiges retirées

1 cuil. à soupe de câpre

2 cuil. à soupe de ciboulette fraîche, ciselée

Focaccia au fromage de chèvre et aux aubergines

Pour 4 personnes

Préchauffer le gril à température moyenne-haute. Couper la focaccia en deux horizontalement et déposer sur une grille, la partie supérieure côté coupé vers le haut et la partie inférieure côté coupé vers le bas. Passer au gril 2 minutes et retirer de la grille.

Égoutter les anchois en réservant l'huile. Étaler les rondelles d'aubergine sur la grille, enduire avec l'huile réservée et passer au gril 4 à 5 minutes, jusqu'à ce qu'elles soient dorées.

Hacher les anchois et mélanger aux oignons verts. Répartir les rondelles d'aubergine et le fromage sur le côté coupé des morceaux de focaccia, garnir du mélange à base d'anchois et enduire avec l'huile des anchois restante. Passer au gril 3 à 4 minutes, jusqu'à ce que le tout soit bien doré.

Mettre le basilic, la coriandre, le zeste de citron et l'huile d'olive dans un robot de cuisine, réduire en purée et napper les aubergines. Répartir les tomates cerises sur la garniture de la partie inférieure de la focaccia et couvrir avec la partie supérieure de la focaccia. Couper en quatre et servir.

Ingrédients

1 focaccia épaisse (environ 15 cm de diamètre)

50 g d'anchois à l'huile en boîte

1 aubergine d'environ 250 g, coupée en fines rondelles

6 oignons verts, hachés

150 g de fromage de chèvre, coupé en lamelles

1 poignée de feuilles de basilic

1 poignée de feuilles de coriandre fraîche

zeste râpé d'un citron

4 cuil. à soupe d'huile d'olive

10 à 12 tomates cerises, coupées en deux

Toast au porc à la crème, aux raisins et aux noix

Pour 2 à 4 personnes

Mélanger les raisins, le zeste et le jus de citron vert, et réserver. Préchauffer le gril à température moyenne-haute. Ôter la croûte du pain. Dans une poêle, faire fondre le beurre avec l'huile et retirer du feu. Enduire les deux côtés des tranches de peu avec un peu de beurre et d'huile.

Passer le pain au gril 2 minutes de chaque côté, couper chaque tranche en quatre et réserver au chaud dans le gril. Pendant ce temps, chauffer l'ail, le laurier et le romarin dans la poêle contenant le beurre et l'huile restants, ajouter l'oignon et faire revenir 2 minutes, jusqu'à ce qu'il soit tendre, sans laisser brunir. Ajouter le porc et faire revenir encore 3 à 4 minutes à feu vif en remuant souvent, jusqu'à ce qu'il soit doré.

Ajouter le céleri, saler, poivrer et faire revenir 2 à 3 minutes, jusqu'à ce qu'à ce que le céleri soit cuit. Jeter les fines herbes. Répartir les morceaux de pain dans des assiettes, garnir de la préparation à l'aide d'une écumoire et réserver au chaud.

Remettre la poêle sur le feu, ajouter le cognac et déglacer. Laisser bouillir 1 minute, ajouter la crème fraîche et porter de nouveau à ébullition sans cesser de remuer. Retirer la poêle du feu, incorporer le persil et arroser le contenu des assiettes. Ajouter le mélange à base de raisin et servir.

Ingrédients

175 g de grains de raisin blanc, coupés en deux

zeste râpé d'un citron vert et 1 trait de jus de citron vert

4 tranches de pain aux noix

2 cuil. à soupe d'huile d'olive

25 g de beurre

1 gousse d'ail, hachée

1 feuille de laurier

1 brin de romarin

1 petit oignon, émincé

350 g de lanières de porc maigre

2 branches de céleri, très finement émincées

sel et poivre

4 cuil. à soupe de cognac

125 ml de crème fraîche épaisse

2 cuil. à soupe de persil frais haché

Toasts à l'avocat et aux crevettes

Pour 4 personnes

Dans un robot de cuisine, hacher les crevettes, ajouter la maïzena et le blanc d'œuf, saler et poivrer. Mixer de nouveau jusqu'à obtention d'une pâte épaisse, transférer dans une terrine et incorporer le zeste de citron, le céleri, le persil et la ciboulette.

Préchauffer le gril à température moyenne-haute. Enduire les deux côtés des tranches de pain de beurre fondu et passer au gril 2 minutes de chaque côté.

Réduire la température du gril. Retirer la croûte des tranches de pain, garnir de la préparation à base de crevettes et passer au gril 1 minute, jusqu'à ce que la garniture ait légèrement pris. Enduire du beurre fondu restant et cuire encore 3 à 4 minutes, jusqu'à ce que la garniture ait complètement pris et soit dorée.

Couper les avocats en deux, dénoyauter, peler et couper en dés. Mélanger avec le jus de citron, la moutarde et l'estragon, saler et poivrer. Incorporer progressivement l'huile d'olive.

Couper les toasts en quatre, répartir dans des assiettes chaudes et garnir du mélange à base d'avocats. Parsemer de brins d'estragon et servir.

Ingrédients

225 g de crevettes cuites et décortiquées

2 cuil. à soupe de maïzena

1 blanc d'œuf

sel et poivre

zeste râpé d'un citron

1 branche de céleri, hachée

2 cuil. à soupe de persil plat frais haché

4 cuil. à soupe de ciboulettes fraîche hachée

4 tranches de pain blanc

50 g de beurre, fondu

2 avocats

1 cuil. à soupe de jus de citron

1/2 cuil. à café de moutarde de Dijon

1 cuil. à soupe d'estragon

3 cuil. à soupe d'huile d'olive

brins d'estragon frais, en garniture

Toasts aux œufs et aux betteraves

Pour 2 à 4 personnes

Cuire les œufs 8 minutes à l'eau bouillante, égoutter et écaler. Hacher et réserver. Couper les betteraves en dés, mettre dans une terrine et ajouter la moitié du sucre et 1 cuillerée à café de vinaigre de cidre. Saler et poivrer.

Préchauffer le gril à température moyenne-haute. Enduire les tranches de pain d'un peu d'huile d'olive et passer un côté de chaque tranche 2 à 3 minutes au gril, jusqu'à ce qu'il soit doré et croustillant.

Pendant ce temps, incorporer 1 cuillerée à café d'huile au mélange à base de betteraves. Battre le cidre restant avec la moutarde et le sucre restant, saler, poivrer et incorporer progressivement l'huile restante sans cesser de battre. Incorporer l'aneth et rectifier l'assaisonnement.

Retourner les tranches de pain, garnir du mélange à base de betteraves et passer au gril 2 à 3 minutes.

Couper les tranches de pain en deux ou en trois, garnir d'œufs durs et arroser de vinaigrette. Parsemer de brins d'aneth et servir immédiatement.

Ingrédients

4 œufs

500 g de betteraves cuites

2 cuil. à café de sucre

5 cuil. à café de vinaigre de cidre

sel et poivre

6 cuil. à soupe d'huile d'olive

1 cuil. à soupe de moutarde de Dijon

3 cuil. à soupe de d'aneth frais haché

4 tranches de pain au levain

brins d'aneth, en garniture

Ciabattas à la mozzarella et à la viande hachée

Pour 4 personnes

Dans une grande casserole, chauffer l'huile d'olive à feu moyen, ajouter l'oignon, l'ail, le poivron et les champignons, et cuire 5 à 10 minutes en remuant de temps en temps, jusqu'à ce que le tout soit tendre et commence à dorer.

Ajouter la viande et cuire 5 minutes en remuant souvent, jusqu'à ce qu'elle soit bien dorée. Mouiller avec le vin, ajouter le concentré de tomates, saler et poivrer. Laisser mijoter 10 minutes en remuant de temps en temps et retirer du feu.

Couper les ciabattas en deux, enduire la mie d'huile d'olive et passer au gril jusqu'à ce qu'elle soit grillée. Déposer la partie inférieure de chaque ciabatta sur du papier d'aluminium, côté huilé et grillé vers le haut, et répartir la garniture dessus.

Couper la mozzarella en tranches et répartir sur la garniture. Ajouter les feuilles de basilic et couvrir avec la partie supérieure des ciabattas. Presser délicatement et passer au gril 5 à 10 minutes à température basse. Laisser reposer 1 heure avant de servir.

Ingrédients

1 cuil. à soupe d'huile d'olive

1 petit oignon, finement haché

1 gousse d'ail, finement hachée

1 petit poivron rouge, épépiné et finement haché

100 g de champignons de Paris, finement hachés

200 g de viande de bœuf hachée

125 ml de vin rouge

2 cuil. à soupe de concentré de tomates

sel et poivre

4 petites ciabattas

huile d'olive vierge extra, pour arroser

75 g de mozzarella

2 cuil. à soupe de feuilles de basilic frais ciselé

Tartines à la poire et au roquefort

Pour 2 à 4 personnes

Préchauffer le gril à température moyenne-haute. Passer les tranches de pain au gril des deux côtés jusqu'à ce qu'elles soient croustillantes, sans laisser dorer. Ne pas éteindre le gril.

Couvrir les tranches de pain de jambon, garnir de lamelles de poire et ajouter les lamelles de roquefort.

Passer de nouveau au gril jusqu'à ce que le fromage soit grésillant et commence à fondre, et servir immédiatement.

Ingrédients

4 tranches de pain aux noix de 1 cm d'épaisseur

4 fines tranches de jambon de Bayonne ou de Parme

2 poires mûres, pelées, évidées et coupées en fines lamelles

100 g de roquefort, coupé en très fines lamelles

Focaccia maison aux tomates cerises

Pour 4 à 6 personnes

Dans une terrine, mélanger la farine, le basilic, le sucre, la levure et le sel, ajouter l'huile et l'eau, et mélanger jusqu'à obtention d'une pâte souple, en ajoutant un peu d'eau si la pâte paraît trop sèche. Sur un plan fariné, pétrir la pâte 10 minutes, jusqu'à ce qu'elle soit élastique. Mettre la pâte dans une terrine huilée, couvrir de film alimentaire et laisser lever 1 heure près d'une source de chaleur, jusqu'à ce que la pâte ait doublé de volume.

Préchauffer le four à 140 °C (th. 4-5). Mettre les tomates sur une plaque chemisée de papier sulfurisé, arroser d'huile, saler et poivrer. Cuire au four 30 minutes, jusqu'à ce que les tomates soient tendres. Augmenter la température du four à 220 °C (th. 7-8). Pétrir de nouveau la pâte brièvement, façonner en rectangle et déposer sur une plaque légèrement huilée. Bosseler la surface avec les doigts, huiler légèrement et garnir de tomates cerises et de pancetta. Saler, poivrer et laisser reposer 10 minutes près d'une source de chaleur. Cuire au four 15 à 20 minutes, jusqu'à ce que la focaccia soit dorée et bien cuite. Arroser d'huile d'olive et garnir de basilic frais haché.

Ingrédients

500 g de farine, un peu plus pour saupoudrer

1 cuil. à soupe de basilic séché

1/2 cuil. à café de sucre

2 cuil. à café de levure de boulanger

2 cuil. à café de sel

325 ml d'eau tiède

2 cuil. à soupe d'huile d'olive, un peu plus pour graisser

Garniture

400 g de tomates cerises

1 cuil. à soupe d'huile d'olive, un peu plus pour arroser

sel et poivre

200 g de pancetta, coupée en dés

4 cuil. à soupe de basilic frais haché

Pain brioché grillé mangue-chocolat

Pour 4 personnes

Préchauffer le gril à température moyenne-haute. Passer les tranches de pain brioché des deux côtés au gril jusqu'à ce qu'elles soient croustillantes et dorées. Laisser refroidir quelques minutes sur la grille.

Augmenter la température du gril et chemiser une grille de papier d'aluminium. Ôter la croûte des tranches de pain brioché et napper de pâte à tartiner.

Déposer les tranches de pain brioché sur la grille, garnir de lamelles de mangue et saupoudrer de sucre. Parsemer de zeste de citron vert, arroser de jus et passer 1 à 2 minutes au gril, jusqu'à ce que le sucre ait fondu et que la mangue et la pâte à tartiner soient chaudes.

Garnir de crème glacée et de crème fraîche, décorer de rondelles de citron vert et servir immédiatement.

Ingrédients

4 tranches de pain brioché de 2,5 à 3,5 cm d'épaisseur

3 à 4 cuil. à soupe de pâte à tartiner au chocolat

1 grosse mangue, pelée, dénoyautée et coupée en fines lamelles

4 cuil. à café de sucre

zeste râpé et jus d'un citron vert

4 boules de crème glacée au chocolat noir

4 cuil. à soupe de crème fraîche ou de yaourt à la grecque

rondelles de citron vert, pour décorer (facultatif)

Pain grillé aux fruits rouges

Pour 4 personnes

Préchauffer le four à 220 °C (th. 7-8). Dans une grande jatte peu profonde, battre les œufs entiers et le blanc d'œuf à l'aide d'une fourchette et incorporer la cannelle et la poudre de quatre-épices.

Pour la garniture, mettre le sucre et le jus d'orange dans une petite casserole, porter à ébullition à feu doux et laisser bouillir sans cesser de remuer jusqu'à ce que le sucre soit dissous. Ajouter les fruits rouges, retirer du feu et laisser tiédir 10 minutes.

Pendant ce temps, faire tremper les tranches de pain dans le mélange à base d'œufs 1 minute de chaque côté. Beurrer une plaque, déposer les tranches de pain dessus et cuire 5 à 7 minutes au four préchauffé, jusqu'à ce qu'elles soient dorées. Retourner les tranches de pain et cuire encore 2 à 3 minutes. Servir la garniture aux fruits rouges sur le pain grillé, décoré de brins de menthe.

Ingrédients

4 œufs, plus 1 blanc d'œuf

1/4 de cuil. à café de cannelle en poudre

1/4 de cuil. à café de poudre de quatre-épices

4 tranches de pain blanc épaisses

1 cuil. à soupe de beurre, fondu

brins de menthe fraîche, pour décorer

Garniture

85 g de sucre en poudre

50 ml de jus d'orange frais

300 g d'un mélange de fruits frais, rincés, séchés et parés